JN436972

하늘 날아가는 날

신현규 시집

月刊文學 출판부

| 시인의 말 |

시간이 흘러가면 갈수록 살아갈 날들이 조금씩 줄어 가는구나! 어느 날 갑자기 그런 공허한 생각이 밀려들었습니다. 그러다 문득 지금껏 나는 어떻게 살아왔지? 매일 그날이 그날 같은 일상에 적응이라도 한 것 같이 이렇게 무기력하게 살아가도 되는 것일까? 그렇게 스스로에게 반문을 하는 순간 마음은 왠지 쓸쓸하기만 했습니다. 그런 마음으로 끄적여 본 시작노트가 어느새 한 권의 시책이 되어 『하늘 날아가는 날』이 되었습니다. 곧 저의 두 번째 시집이 나오는 날입니다. 부족한 서정이라 부끄럽지만 마음은 하늘을 날아갈 듯 가볍기만 합니다.

제1집 『고향집 마당』은 유년 시절 고향에 대한 서정적인 그림을 그렸고 제2집 『하늘 날아가는 날』은 어느 날 가족의 이별을 지켜보며 과연 삶이란 무엇인가 하는 관점에서 내면을 보다 더 깊이 사유하여, 고향을 떠나 타향살이를 하며 겪은 숱한 세월들을 뒤돌아보게 되었습니다. 그리고 인생은 누구나 한 번 태어나면 언젠가는 떠나야 한다는 것이 진리이자 순리임을 담담히 받아들이게 되었습니다.

그런 의미에서 이번 2집에서 표현하고자 했던 것은 내 마음의 본향을 찾아 감정여행을 떠나보는 것이었습니다. 그러다 보니

어쩌면 필자의 해석이 필요할지 모를 난해한 표현들이 다소 내포되어 있을 수 있겠지만 누구라도 자신의 감정에 묻어있는 정서를 느끼다보면 거기에 내재(內在)된 자신의 복합감정과 만나게 될 것입니다. 마치 필자가 그랬던 것처럼 이 시집을 읽는 독자들도 충분히 공감할 수 있으리라 생각해 봅니다.

이세에 잠시 머물다 본향을 향해 돌아가야 하는 나그네 같은 삶, 특히 인생이 황혼길에 접어드는 사람들이라면 저와 함께 길동무하여 이 시선에 잠시 머물다가 쉬어갈 사람들도 있지 않을까요? 그런 생각을 하니 벌써 길동무에 대한 그리움이 밀려옵니다.

하늘을 날아 먼 길을 여행하기 위해 길채비를 하는 사람들이라면 이 시책을 아름답고 사랑스러운 눈길로 보아 줄 것이라 믿습니다. 그리고 이 시(詩)선에 눈길이 머물 때 마치 그 때가 힘든 한 고비를 넘겨야 하는 그때라면, 그 고개를 넘어야 하는 어떤 이들에게 이 시책이 길동무가 되어 조금이라도 그들의 마음에 위안이 될 수 있기를 바래봅니다. 이 시책이 나오기까지 함께 해주신 모든 분들에게 고마운 마음을 전합니다. 감사합니다.

2019년 3월

신현규

차례

소안향 1

학꽁치 2

별을 헤다 3

하늘 날아가는 날 4

1

소안항

완도 소안항

완도 소안항
해무 자욱한 새벽
갈매기 울음소리 끼룩끼룩
파도를 타고 수평선 끝에 닿으면

힘차게 솟아오르는 해
고기잡이배는 출항의 닻을 올리고
여객선 기적소리 항구가 분주하다

어부들은 바다로 관광객은 육지로
뱃고동 소리로 아침을 여는
봄날의 소안항구

3·1 날의 봄

훈풍 한 자락
가장 작은 이월
끈질기게 나부끼던 잎사귀
끝내 아우성을 떨구고 나면

봄은
노란 삼월을 깨우고
꽁꽁 얼은 대지에 몽니 피운
꽃샘바람 새초롬한 가지

한바탕 모질게 흔들고 지나야
연일 따스한 입김 호호 불며
버들강아지를 붙들고 노는
봄바람

조금 있으면
삼월이네 앞마당에도
노란 개나리꽃 소란스럽고
산천의 진달래 선홍빛으로 물들겠지

판문점의 봄

한민족 통일의 염원
가슴에 별처럼 반짝일 때
달빛 스러진 하늘
은하수로 다릴 놓으면

굳게 잠겨있던 38선
빗장을 풀고 선을 이을 점
동면에서 깨어나는 곰
얼음장 밑을 흐르던 정

동토의 문제를 풀어
디. 엠. 지에 활짝 피어낼 꽃
곰곰이 마음 녹여 봄은
우리가 하나 되는 일

개나리꽃

겨울 솜이불 덮고
늦잠 자다가
부스스
깨어난
봄

개나리 가지
담장 너머 배시시
노란 꽃망울 터뜨리는 소리
병아리 떼 이른 봄나들이
하나 둘 뿅뿅 셋 넷 뿅뿅

울 수다

눈망울 촐랑거려도
쿵쿵거리는 심장 박동소리
곰방대 뻐끔뻐끔 허접한 수다
주인 놈 공기총 종일 쏘아댈수록
더욱 쭈그러진 가슴

고래서들* 자갈 밭
두엄 내던 수레바퀴
고달픔에 태만하여
나무에 기댄 채
깜박 잠든 사이

매미소리에 퍼덕
저만치 시간을 앞서버린 그늘
정신줄 다시 잡고 헐떡헐떡
무거운 수레를 끌고 달리다

바큇살 휘어지고
바퀴에 바람 빠진 보상의 숨

살살 내쉬던 내 머릿속은
그냥 백종이가 아니다

* 고래서들 : 필자가 태어난 고향의 들녘 이름.

제비꽃

제비를 볼까 재미를 볼까
소란스럽던 여인

미장원 불고대기로
헝클어진 머리 둘둘 말고서

머리에 노란 꽃을 꽂더니
스프레이를 칙칙

피하자는 바람과
온종일 싸돌다

언 듯
보랏빛 제비꽃에 멈춘 눈길

어둠이 어깨 위로
무겁게 내릴 때까지

길모퉁이에 넙죽 앉아

마스카라눈물 주르르

외로운 한 입
그대 입술 파르르 떨린다.

풀벌레 연서

어둠이 내린
숲속
귀뚜라미 울음소리

밤바람에 떠돌다
이슬 마른
풀잎에 멈춘다.

품앗이

쏟아지는 봄 햇살
기지개 켜는 대지

이른 아침
품앗이로 밭 가는 농부
허겁지겁 이리야, 저리야

고삐줄에 황급한 소
이리저리 갈 지자
송아지 따라오며
음매 음매

어머니
힘들어 어쩔까나
사래 긴 밭둑에 논 물대라
눈물 흘려내라

해후

빛바랜 학창시절
오랫동안 묵혀뒀던 우정
하나씩 꺼내
정담 털어놓는다

노을 진 길목에서 서로 만나
짠한 눈물 주고받다 헤어지고 나면
언제 다시 볼 수 있겠나

만날 약속 차마 못해
얼척 없어 막힌 말문
속울음 쏟고 울다
그저 손만 흔들고 돌아선 길

고속버스 창문에 황혼 짙고
노을로 다진 맹세 하나
그래 우리
곱게 물들며 늙어가세!

수호신

하늘 위에 먹구름 걷히자
환하게 열린 궁창

늪 위에
상상의 배 띄웠다

나무 그늘 아래
누워서 호수를 보았다

물풀 사이를 헤치고
노 젓는 사공은 나의 수호신

통일염원

판문점 한달음에 달려와
굳게 잠긴 빗장을 풀었네

한반도 가로막던
철조망도 거둬내고

남북 간에 맺힌 실타래
한 올 한 올 풀어 잇고서

한라산 백두산 민족통일
염원 실어 꼭지연 띄우고

풍악놀이 나팔소리
밤하늘 가득히 올리면

멈췄던 시계 초침 소리
째깍째깍

피어나리꽃

겨울 호수
물안개 몽실하니
피어오르는 모습
자욱한 꽃송이다

대지의 숨결
춘풍에 실려 올 때까지
얼어붙은 꽃밭 숨죽이던 밤

그늘진 꽃대 궁
입김으로 잔설을 녹이는 미풍
드디어 꽃망울 터뜨린다.

고향을 마시다

저녁 무렵 시골 농가
굴뚝 연기 추억이 아련하다
동구 밖 뛰놀다 더러워진 옷
꾸지람 먹던 어린 시절

비오는 날 찻집에 앉아
창밖 빗줄기 바라보며
그 시절 회상하며
커피를 마시면

커피는 그냥
후루룩 후루룩
고소함이 진한
숭늉 맛

회자정리

빼꾸기 울음소리
처량한 오월

네 해의
실타래
놓아야 할 순간

지나온 순간들
차곡차곡
가슴에 쌓아두고

그리울 때마다
하나하나 빼먹는
홍시 말린 곶감

꽃과 꿈

꿈을 가꾸는 생활
꿈 없이 피어난 꽃 없지

일상을 일구며 베를 짜듯
피어나는 꽃들

날마다 화초에 물을 주고
정성을 들이면

방긋방긋
피어나는 꽃

마음에 심은 꽃
자다가도 벌떡

마음속에 혼자 피운
꿈 같은 연꽃

우물터

한적한 시골 찻집
빛바랜 우물터
두레박에 서린 생수

그 옛날
여인네들 도란도란
속삭임을 길어 올려

가을 시 한 편 낭독할 때
우물터 여인들이 기웃기웃

긴 세월
잃어버린 시간

옛날이 오늘로
마실 나온 우물터

변명

누구나 살아가며
구차한 변명을 한 번 정도는
하지 않았을까?

드러내 보이고 싶지 않은
자신만의 궁색한 변

거짓말이 지나치면
걷잡을 수 없이 달려드는
부메랑

순간을 모면하려는
변명으로 타인을 죽인 후
자신도 다친다

행복이란

내 소망은 행복
한평생 행복을 찾았다

모래바람 거센
사막을 걸어가듯

오아시스 찾아서
낙타처럼 걸었다

동해에서 뜨는 해를
바라보며 희망을 꿈꾸었다

내일은 오늘보다
더 낫겠지 생각하다

아! 하루하루 밥 먹고
즐거워하니

이 평범한 생활
이것이 행복이다

촛농

어머님 제삿날
촛불을 켰습니다
촛농이 제 몸을 태우며
방울방울 흘려내립니다

두 손 모아
돌아가신 어머님을 생각합니다
장독대에 독마다 채운 장맛
맑은 된장 흐린 간장
작은 단지에 고추장

가족을 위해 독을 씻어
장을 채운 어머님 정성
당신이 담근 씨간장
밥상마다 흘린 눈물
촛농으로 새깁니다.

양궁

과녁을 향해
활시위를 당긴다

심장이
두근두근

활줄을 놓는 순간
과녁을 향해 살이 날고

십 점에 꽂힌 살
짜릿한 떨림 숨이 가쁘다

화촉 밝혀 맺은
백년가약

살이 과녁을 벗어날 때
느끼는 뜻 모를 죄책감

상사화

꽃 먼저 피우고
잎 피어나기 전
떨어지는 진달래 참꽃

한 몸이 되어서도
서로 만나지 못하는
엇갈린 운명

한 번의 만남이
이렇게
소중할 줄이야

2

학꽁치

산나리꽃

남산
산나리꽃

초여름
활짝

반갑다
나리야

모처럼
오른 남산

네가
반겨주니

봉선화

담장에 핀 봉선화
손톱 꽃물
사연이 애처롭다

건들면 톡 터지는 꽃씨
일제히 배를 갈라
터뜨리는 분노

숨죽여 부르던 노래
울 밑에 선 "봉선화"
꽃잎 아래 숨은 까만 씨

꼴망

촘촘히 엉킨
망태그물코 그날을 생각하면
살갗이 껄끄럽다

소 먹일 풀을 베려
이른 아침 낫을 챙겨
산밭으로 나섰다가

꼴을 벨 때
손을 할퀴던 까끌까끌한
그 풀이름이 뭐였지

손등에 이슬 젖을 때
쓰림을 참고 꼴을 베면서
흉을 보았던 그 풀 이름

지금도 이애 구석
그곳에 가면 그 까칠한 풀
아직도 땅을 할퀴고 있을까

열대어

밤 낚시터
풀벌레 울음소리

후덥지근한
몸에
모기들이 빨대를 꽂는다

뜬 눈으로
찌를 바라보다
핏발 가득 선 밤

입질 한 번 오지 않는
낚시대
거두고 돌아오는 차 안

삐삑거리는 라디오
월척 없는 뉴스에 걸린 열대어
"장맛비"

산 너머 남촌

산 너머 남촌에
행복이 있다기에
마냥 달려 나갔지

발바닥
물집 생겨
아려왔지

집으로 돌아와
대야에 발 담그고서
비로소 깨달았지

산 너머 남촌까지
신기루를 찾다 오는 동안
많이도 생각하여 보았지

많이 보고 걷고
생각하고 깊어지면
행복도 내 안에 고이겠지!

사랑했다면

사랑했다면
이별할 때
눈물 흘리지 마

떠난 사람은
이미 사진 속에 꽃
다시 되살릴 수 없지

보고플 때
남몰래
혼자 꺼내보고

사랑했던 때
되새김질하며
사는 거야

수양버들

마을 어귀에
수양버들 한 그루

바람에
흔들흔들

동네 어귀
봄 주렴이다

물오리

이른 아침
창가에서 무심코 바라본
호수

물오리들이
동동 자맥질하다
주둥이로 도리질

은빛
물고기 한 마리
파닥파닥

지금은
물오리
아침 식사 중

학꽁치

서해안
갯바위
학꽁치 낚시

모닥불에 몇 마리
소금 발라 올려놓고
노릇노릇 구워지면

술 한 잔 마시고
꽁치 한 마리
뼈를 발라먹던 추억

가시에 서리지고
달이 기울 때까지
홍얼거리던 기억

오늘 저녁 밥상은
서해안 은빛 학꽁치
석쇠에 노릇하게 구워

파도 소리
잔 속에 가득 담아
그날을 반주삼아 한 잔 기울이리라

나이테

시골 장날
농부가 땀 흘려
키워 내놓은 배추

낯선 이곳까지 실려와
누구 입맛에 맞추려나
김장김치 새 주인 맞을 준비

한 포기 얼마요?
해살에 그을린 농부
구릿빛 주름진 미소

30포기
손수레에 싣고
덜커덩덜커덩

가족들이 즐거워 할
밥상을 생각하니
즐겁다

문득 길목의 교회 종소리
또 한해가 알록달록한
무늬 테

오늘

오늘 없으면
내일도
바라볼 수 없는 것

오늘 하루
스쳐가는 바람은
다시 돌아오지 않는다

오늘 하루
만난 사람은
내일 다시 볼 수 없을 수도 있다

오늘 마주치는 바람
오늘 만난 사람
처음이자 마지막인 것처럼
즐겁게 맞이하자

호루라기

날씨가 후덥지근하다
천둥소리 우르릉 쾅쾅
소나기 한바탕
후드득 후드득

시장 모퉁이
손수레 장사꾼
이리저리 우왕좌왕
어찌할 바 몰라 발을 동동

이리 뛰고 저리 뛰고
손수레 덜컹덜컹
내 마음도 조마조마
입술에 호루라기다

궁통(窮通)

여름
감나무 가지
매미울음 시끄럽다

뙤약볕에 부대끼다
기도가 막힐 때

하늘 우러른 시선
응답하는 목소리

빗방울 소리
궁하면 통한다.

지구는 고혈압

지구촌이
몸살을 앓는다

닥치는대로
나만 잘살면 그만
난개발
지구는 지금 고혈압

요동치는 심장 박동
포항을 울리는 지진
얼굴은 화산 폭발
마그네슘 악취다

그런데도 우주는
하늘만 말똥말똥
말을 잃고 암에 걸린
지구촌 어서 빨리 119를 불러라

무지개 약속

비온 뒤 햇빛 나면
빨주노초파남보 일곱 색깔
무지개 열 빛 고운 산허리에 걸렸다

무지개 지고 해 뜨면
내 마음 천심에 빠져들어
하늘 약속 행할 뜻을 찾아서

함박꽃 피고 지는
산동네 인생의 초막집
초로의 길을 가는 할미꽃

무거운 짐 지고 살다
씨 떨고 짐 벗는 꼬부랑 할미
종이꽃상여 팔락이며 가는 길

사랑이란 글쎄

사랑이
외롭고 고독하다고요

마음의 빗장이
잠겨있다고요
·
·
글쎄
·
·
사랑의 날개
·
젖어있으면
털어내야 날 수
·
글
·
세……,

가위눌림

꿈속에서 불안하나 퍼덕인다
짧은지 긴 건지, 길다면 길고
짧다면 짧은 것이 인생

부질없는 꿈
꿈은 꿈일 뿐이다
현실과 먼 꿈만 꾸다
인생을 헛되이 보냈다는 생각

오늘 하루
그 꿈에 목매다
꿈을 접은 무지로
다시 현실을 약속하는 꿈

꿈을
포기하는 순간
밤마다 잠속에서
퍼덕거리는 가위눌림

초파리 떼

초록 눈이 초파리 떼
이파리에 진디하게 알을 실어
까놓으면 상춧잎 따먹는 시기

상추 틀어 딸 때는 다 따지 말고
꽃대를 올려두고 꽃을 받칠 두 잎만 남겨
고염도 소금이라고 우기지들 마라
뿌리 가감 없이 약 되는 식초 봤니

감나무
저절로 잎 떨구면
독아지에 언능 감 따다
담아두면 초침이 감시하여 보지

하얀 눈이
꼭지에 사뿐히 내려
홍시 되면 물고 빨고
씨만 남겨 머리를 뿌리로 심으려면…….

집착

침착해 조금 더 가서 집착해
서둘러 안착하면 초산에 신맛
안주는 불가피한 것

동산에 부동하는
산새는 구술을 풀어야
울음을 노래할 수 있어

뜰 안채
평수에 집착해
고층에 안착하면

땅 내
향수 할망
생 늙은이들

병으로
엿 사먹던
기억들

엿장수 맘대로
싹둑 가위로 자르고도
성냥갑 집안의 향기니 어쩔 수 없다고?

3
별을 헤다

석류

알알이 구슬 박아
입술에 터지는 알갱이
목이 긴 연분홍
석류꽃

핏빛 꽃술
입안에 한아름 담고
송알송알 익어갈 때
얼굴에 주름 펼 산소

짝하고 터트려
주름 깊은 이맛살
다독다독 두드리면
두 볼 가득 젊음이 톡톡

허물

남의 허물만 찾는 눈길 하나
정작 보아야 할 허물은 자신
자기 허물에서 벗어날 자가
세상엔 없네!

누구든 남의 허물을 보면
덮어주고
나의 허물은 들어내야
고칠 것이 아니겠는감……

사랑은
허물을 덮는 시간
사랑은
허물을 감춰주는 일

침묵은 꽃

침묵은
내 마음을 다스리는 일
온갖 궂은 생각을 거르고
꽃망울을 틔우는 일

때가 왔을 때
꽃을 피워야
더욱 향기가 짙지

수다 떨면
꽃도 피우기 전에
시들고 말지

말할 때 침묵하고
침묵할 때 떠들던
누구는 비겁자

양말 구멍

신발가게 들려서
구두 하나 살려고
신발을 벗었는데

주인의 시선
입 꼬리가 심상찮아
언뜻 발을 내려다보니

양말을 비집고
툭 삐져나온 엄지발가락
어떤 신이 내 발 주인일까?

호롱불 밑에서
구멍난 양말 꿰매 주시던
어머니 생각이 꼼지락꼼지락

텃밭

뜰 안에 황톳빛 노을
텃밭에 내려앉았네!

잔대 가지에
꽃봉오리 여무는 생각

꿈만 같은 옛 생각
자꾸만 떠오르네!

당신 평생
고랑치던 텃밭

정성으로
보살폈던 당신 모습

내 가슴
울컥 어머니 품에 안겼네!

실루엣

밤
색소폰 소리
와락 달려드는
보고 싶은 얼굴 하나
괜시리 눈물이 나네!

귓가에 맴도는
그리운 목소리
흐느끼듯
허공을 떠돌다가
되돌아올 때

문득 떠오르는
선조님들 생각에
이내 가슴
별빛에
사무치네!

그림자

비에 젖은 꽃잎
바람에 흩날리고

툭툭 창문을 두드리는
빗소리

희미한
그림자 하나

아!
이리도 그리운 사람아!

살갗

소나기 한바탕
퍼붓고 갠 하늘

눈부신 살갗
햇살 담뿍

기지개 켜고
긴 잠 깨워 들판을 다진다

새 움틀
씨앗들 깨어나게

연리지

이른 새벽 출근길
배웅하는 당신과 맞잡은 손
까칠까칠해도 가을처럼 곱기만 하다

숲속 까치들 구애 소리
발길에 밟혀드는 낙엽들의 아우성
귓불에 느낌은 그저 비단길이다

첫차가 떠나고 막차가 도착하면
가을은 저만큼 떠나가도 여보 당신
우리는 사철 변함없는 연리지 사랑

동백꽃

고향에서 전해오는
봄소식
망울진 동백꽃
붉은 울음
뚝뚝

울다 지친 동백꽃
후미진 수풀에
빨갛게 물들면
내 가슴에도 봄이
활짝

우리 부부

국화를 닮은
우리 부부

한 송이
꽃을 피우듯이
열심히 살았네

이제
찬 서리 꽃잎이 지는
늦가을

여보 당신!
우리 지금껏 어떻게
국화를 꽃피웠지

윤동주의 별

고요한 밤 어두운 방
당신이 그리워서 눈을 감으면
내 가슴에
밤하늘 별들이
총총히 떠오르고
은하수가 흐른다

지금은 별이 되어버린 당신
그 이름 나지막이 부르다가
나도 못 다 헤아릴 별들을
초롱초롱
별 하나… 윤
별 둘… 동
별 셋… 주
별 세다가
스르르 잠이 듭니다

미리네

쪽빛 하늘
올려다보면

수많은 별들
미리네 강이 흐르고

은빛 강 물살 위로
연육교가 놓인다.

김장김치

시골 장날
배추 다발 가득하다
"몇십 포기 주세요?"
햇살에 그을린 농부
구릿빛 얼굴이 싱글벙글
손수레에 배추를 실어주었다

덜커덩덜커덩
집으로 돌아오는 길
등짝에 땀이 홍건해도
그저 감사하다

언덕배기 교회 종소리
우리 가족 건강을 기원하듯
갖은 양념 빨갛게 버무려서
맛나게 담은 김장김치

가을 음악당

가을
음악당

둥둥 동기
동기 당당
오동나무
가야금 소리

단풍잎
붉은 음색
은행잎에
노란 음색

잠시 머물다
떨어져 내리는
만추

종소리

사랑은
마음에 담아 둔 것
때마다 꺼내어 말해야 할 텐데
미처 사랑한다는 말 한 마디
꺼내지 못했다

새벽마다
나는 종을 친다
땡그랑 땡그랑 새벽 종소리
너에게 보내는 사랑의 종소리

네가 꼭
들었으면 좋겠다
종소리 듣고
내 마음을
알아줬으면 좋겠다

연주회

우리 손주
작곡한 노래
예배당에서 연주하던 날
음악을 듣고 가슴이
훙훙

다음 곡은
강민준 열 살 아이가
직접 작곡한 자작곡을 연주한다고
발표자를 소개하는 선생님의 음성이
귓전을 맴돌 때 내 심장은 쿵쿵

앙증맞은 손으로
피아노 연주가 시작되고
심금을 울리는 멜로디에
우레와 같은 박수갈채
그제야 마음이 시원하다

핍박받아 외롭던 외손자

영재라고 칭찬하는 소리에
가슴이 벅차오른 가족들
눈시울 적시는 연주회

하늘나라

갑작스레 전해들은
친구의 부음 소식
세상살이
고된 끈 끊어내고
훨훨 하늘나라 갔구나

미련 없이 훌훌
이발하듯
먼지 털어내듯
훌훌 털어냈구나

남은 가족
너를 기억하는 사람들
서럽게 눈물 흘려도
숨 쉬니까 좋겠지

잘 가게나
하늘나라 가서
너는 더 편한 숨
쉼 하게나

나의 어린 시절

징징 징
징하게도 울었지
밭 매러 가는 엄마랑
떨어지기 싫어서 온종일
눈물 짜며 칭얼칭얼
징징대며 울었지

어두워진 저녁
땅거미 지는 숲속에
풀벌레 울음소리 뚝 그치면
울 엄마 돌아오는 걸음까지
징징 징 칭얼대며 울었던
어린 시절

달리는 전시장

가로수 이파리
가을바람에 살랑이던 날

터미널 정류소에 모인 사람들
삼삼오오 짝짓고 전시장을 향한다

쉼 없이 달리는 고속도로
버스전시장 마이크소리 멈추면

차창 넘어 청명한 하늘
하얀 뭉게구름 둥실둥실

산등성마다 가을이
차창에 풍경화를 전시한다.

달밤

성황당 지나
밤길을 가면 달님이
촐랑촐랑 꽁무니 따라오네

갈대꽃 울음소리
우우우
뒷산 부엉이가
따라서 부엉 부엉

끼 뚜르르
달빛에 차갑게 부서지는 소리

서럽고 외롭던 짝발
귀뚜라미 임 찾는 소리

4

하늘 날아가는 날

서리꽃

늦가을 새벽
산책길
나뭇잎들이 서리를 맞았다

졸업식 날
밀가루 뒤집어쓴 것처럼
우두커니

외등도
서리 맞아
서늘한 불빛

가슴으로
파고드는
싸늘한 눈빛

길채비

꽃은 피고 지고
잎새는 떨어지는데
길 떠나신 내 님은 소식이 없네
들녘에 벌 나비들 꽃을 찾는 봄이건만
파랑새 울면 온다던 임은 언제나 오시려나

노을 진 서산머리
초승달은 기울어가고
밤사이 풀잎에 맺힌 이슬은
송알송알 발길에 매달려도
해 돋는 아침이면 햇볕이
고슬고슬 말려주건만

한 번 가신 내님은
다시 올 기약은 없으나
언제든 오시면 나도 따라가리라
망초꽃처럼 사분대다가 밤새 날개 위에
구슬픈 이내 심정 하염없이 실어 보내네.

마트 풍경

손수레 끌고 마트에 가면
부산한 판매원들
친절한 안내말 따라
고향 산천 달려간다

하늘, 땅, 바다 냄새
물씬거리는 농수산물
고향마을 풍경
굴 따던 아낙네
갯바위 파도 소리

김매던 논밭에는
오곡이 영글고
주렁주렁 과수원
농부들의 풍년가
장바구니에 가득

오늘 밥상은
고향 내음
가득하겠네.

물푸레나무

그대가
보고 싶은 오늘
가슴에 꽃바람
일렁일렁

냇물은 숨죽여
물푸레나무에 쉬었다가
쫄쫄쫄
골짜기 물로 흘러간다

물푸레나무 가지마다
옛사랑 얼굴
연초록 잎
살랑살랑

명자

안개 자욱한 새벽
인왕산 길 걸었네!

길가에 명자꽃 한 송이
향기 진동했네!

가물가물 하던 산길에
햇살이 밝게 비추었네!

안개 걷히고
온 산이 말갛게 걷혔네!

명자꽃 향기
코끝에 살랑살랑 풍겼네!

고향마을 사촌 누이
그 이름도 명자였다네!

화상(花床)

무표정한 얼굴에 꽃을 피워내요
—어쩜 개성이 만점이시네요!
칭찬과 격려 받들어
상대방의 좋은 점을 찾아
꽃을 피워봐요

활짝 웃는 얼굴
—정말 아름답군요!
사랑의 눈으로 보면
그대는 향기 짙은 꽃다발
한 다발 안개꽃에 둘러싸인 꽃

영감(靈感)

그 분은 영감 그가 오실 때마다
순간을 피워내는 생화라는 영감의 꽃

꿀을 따는 벌새 환영의 날갯짓
사람은 침묵할 때 영감을 받아

떠오르는 순간은 파리하게 떨리고
그 영감에 보리밥을 닮아 상차림 하는 생

우레와 같은 박수갈채 소리
긴 여운으로 남아도 윤회하는 천로역정

순간을 포착하는 심안의 조리개
사물을 볼 때마다 더 세미한 음성

그 영감에 귀기울여 듣고
신코를 졸라매고 벌름이다 죽는 것

손주들 학예회 날

손주들 가을 학예회 날
멋을 한껏 부린 학부모들
손을 잡고 폴짝폴짝 뛰는 아이들
학교운동장 밖에 엿장수 가위소리
하늘에 풍선이 날고 만국기
바람에 펄럭펄럭

문득, 이맘 때
나의 유년시절 학교마당
온 동네 마을잔치였던 시골 운동회
동무들의 얼굴이 하늘에 맴돌고
해맑게 들려오는 힘찬 응원소리
아이들 담박질에 실린 그리움

문병

5년 전 만난 인연
호들갑스럽게 안부 묻고
눈꼬리에서부터 입꼬리까지
헤 벌어진 미소
인생이 철학이지

학이면 문이다
논 하면 밭 하던 날이
엊그제 같은데
어느 때부턴가 보이지 않던 발문

갑작스런 입원소식
인생이 허물어지는 무릎
지팡이를 짚고 아장아장
세 살배기 걸음처럼

한강 다리 난간에
두 다리로 허우적이다
어쩔 수 없이 새로 놓는 다리 하나

이놈이면 얼마나
쓸까

명상과 부적

이별로 잊혀진 별별 기억들
밤하늘에 어지럽게 반짝이면
달빛에 어린 그림자 하나
나는 정적이 깔린 바위산에
가부좌를 틀고 앉는다

바람에 실린 계곡 물소리
산허리를 돌아 온몸에 휘감아들 때
평온의 들숨 깊이 흡입하여
나뭇잎에 길게 뿜어 쓴
명상에 부친 부적 하나

그래 모두들 잘 살자
실망이 후회처럼 밀려오지 않게
용서와 화해를 부적처럼 가슴에 품고
산을 내려와 다시 산을 오르는 일상
삶으로의 복귀

가을밤

가을비
단풍잎
바위 위에 착 달라붙었다

초저녁
커피 한 잔
텅 빈 내 가슴 별들로 채워졌다

말똥말똥
별들이 잠을 쫓아내면
나는 또 못다 쓴 시집을 펴든다

타작마당

가을이
깊어가네

가을마당
알곡을 터는
어머니의 도리깨질

감물들인 적삼에
하얗게 소금꽃 피었네

톡톡 톡
튀어나오는 알곡

얻어맞는
쭉정이

나팔수

전통시장 모퉁이 등 굽은 노인들
꼼지락꼼지락 수레 옆에 쭈그리고 앉았다
나팔 불면 노점상 단속반과 익숙한 숨바꼭질
좌판을 거두고 물건이 숨겨진다

숨바꼭질하다 다시 신장개업
시루떡에 콩고물 떨어지는 소리
남대문시장은 언제나 만원 객석
수시로 열리는 노상 음악회

골라, 골라 손뼉치고 무릎치고
춤을 추는 나팔수 그러다가 똑
나팔소리 멈추면 와르르 달려들어
보물찾기 숨바꼭질

회상

집집마다 굴뚝 연기
고샅마다 모락모락
저녁 연기 피어오를 때
마을 어귀에서 뛰놀다

흙 묻은 옷 탈탈 털며
집으로 돌아오는 길
엄마 꾸중 무서워
문 앞에서 망설이다

기어코 눈물 터뜨린
유년시절 추억 한 토막
비오는 장날
버스에 오를 때

갑자기 눈앞에
흐려지는 안개
잠시 뒤바뀌는 질서
전경과 배경

사공

겨울 바람
옷깃 여미는 날
창문에 내리쬐는 햇볕
홍차를 마신다

찻잔 속
갈색 봉지
둥둥

봉지를 꺼내면
가슴은 홍차로 가득
혀끝으로 노를 저어
목강으로 흘려보낸다.

설중매

함박눈이 펑펑
들녘에 소복하게 쌓였다
무심코 올려다 본 하늘
말갛게 개었다

뒤울안
털모자 쓴 매화꽃
햇살 비추자 반짝반짝
하얀 눈망울에 핀 꽃 중의 꽃

동주님의 윤슬

윤년
동짓달
밤하늘 별들은
윤슬이다

아직도
가슴에 반짝이는 별
버지니아울프의 술병이
바람에 쓰러져도

한 점
하늘 우러러
부끄럼 없기를
동주님의 시로 읊는다

선율

고요한 밤하늘에
색소폰 소리
텅 빈 가슴을 울린다

눈물방울 같은 선율
멀리 멀어졌다
다가와

똑똑
가슴을 두드리면
내 마음의 정원이 열린다.

우리들의 겨울이야기

오늘처럼 온 세상이 하얀 꿈을 꾸는 날엔
문득 선명하게 떠오르는 얼굴 하나
눈 위에 솔가지로 동그랗게 그려보았어요

바람 자면 금방이라도 녹아 없어질 사연들
나뭇가지 위에 눈꽃으로 매달아 놓았어요

함박눈처럼 포근포근하게 피었다 사라지면
눈사람 닮은 그대 얼굴 눈밭에 얼룩지고
우리들 숱한 얘기 떠오르는 희미한 추억들

오늘처럼 온 세상이 하얀 꿈을 꾸는 날엔
가슴에 빗장 열고 노랗게 잊혀져간 얼굴들
눈 위에 우리 이야기들을 펼쳐놓아요

하늘 날아가는 날

오늘 딱 하루만 살고 가야 한다면
기억의 맨 끝에 남아있는 그대를 찾아
그 눈빛 마주하여 말하리라
사랑했노라고

사랑하여 그랬으니 우리 서로에게
결핍하여 상처를 주었다면 용서하자고
그리고 마음의 짐을 벗고 그길 함께 가자고
맞잡은 손을 토닥이며 그대가 하고 싶었던 것
그대가 좋아하는 것들 마음껏 해보라고

새 옷을 입고 새 신을 신고
맛있는 음식을 먹고 춤을 추고
좋아하는 노래를 실컷 부르다가
시간의 끝자락 멀리 하늘을 날아
조금 먼 여행을 떠나자 말하리라

파도소리 조약돌에 철썩이는 해변
바람소리 잦아드는 바닷가 수림의 창가

황혼이 커튼처럼 내리면 우리 두 사람
그곳에서 보석 같은 밤을 맞이하리라

쪽빛 바다를 곱게 감싸 안은 하늘
반짝이던 별들도 하나둘 지고나면
눈썹에 맺힌 이슬 한 방울
초승달에 살짝 걸어두고

서쪽하늘을 향해
베개를 맞대어 눕고
우리 거기서 꿈결처럼
고르게 숨을 쉬리라

신현규 시집_ 하늘 날아가는 날

초판 인쇄 | 2019년 4월 10일
초판 발행 | 2019년 4월 15일

지 은 이 | 신현규
발 행 인 | 이광복
편집국장 | 김밝은

펴낸곳 | 사단법인 한국문인협회 月刊文學 출판부
주소 | 서울시 양천구 목동서로 225 대한민국예술인센터 1017호
전화 | 02-744-8046~7
팩스 | 02-743-5174
이메일 | klwa95@hanmail.net
등록 | 2011년 3월 11일 제2011-000081호
ISBN 978-89-6138-403-2 03810

값 12,000원